PETER BLAIKNER

DAS HAUSGEISTERHAUS

Musikalisches Kinderstück

Musik:
Cosi M. Göhlert

EDITION

edition prolit 4
Erstausgabe 1994, Auflage 1.000
Herausgeber: prolit - Verein zur Förderung von Literatur,
Literaturhaus Eizenbergerhof, Strubergasse 23, A-5020 Salzburg
Umschlagbild: Graham Wiseman

Lektorat und Satz: Peter Baier-Kreiner

Druck: Graphia Druck, Salzburg
Gedruckt auf chlorfrei gebleichtem Papier
mit Unterstützung des Bundesministeriums für Unterricht und Kunst

Printed in Austria

© 1994 dieser Ausgabe: edition prolit, Salzburg
Alle Rechte vorbehalten

Aufführungsrechte für den deutschsprachigen Raum:
Elisabethbühne Salzburg, Gebirgsjägerplatz 5, A - 5020 Salzburg

ISBN: 3-901243-03-8

PERSONEN

Menschen:

    Frau Berger
    Der Bürgermeister
    Der Gemeindesekretär

Geister:

    Brownie, Hausgeist
    Sir Hämmerling, Hausgeist
    Lord Kielkropf, Hausgeist (vormals Naturgeist)
    Dschinn, Flaschengeist
    Tante Voodoo, Naturgeist

Tiere:

    Arno, Papagei
    Dora, Papagei

Die beiden Papageien können vom Bürgermeister und dem Gemeindesekretär gespielt werden.

Pause nach dem 3. Bild

Geister können von den Menschen im allgemeinen nicht gesehen werden. Um sie jedoch auf dem Theater für das Publikum sichtbar zu machen, wird den Zuschauern empfohlen, vor den Vorstellungen Tante Voodoos Wunderpillen einzunehmen.

SONGS

Das alte Haus muß weg
Wer schützt einen Geist?
Dschinn, der Flaschengeist
Brownie
Alles geht schief
Hausgeisterhaus
So ein Papapapapapapagei
Ich bin die Tante Voodoo
Haudujudu
Das alte Haus bleibt stehn
Haudujudu - Finale

Bei den auftretenden Geistern handelt es sich nicht um Gespenster (irrende ruhelose Seelen verstorbener Mitmenschen), sondern um Haus- und Naturgeister, die seit jeher unsichtbar neben den Menschen leben, bisweilen in sonderbare Beziehung zu ihnen treten und deren Dasein mitunter in seltsamer Weise mitbestimmen.

1. BILD

(Altes Wohnzimmer in einem alten Haus; Stühle, Tisch, Sofa, eine Kommode, ein Fernsehapparat. Frau Berger, die Hausbesitzerin, hat Besuch vom Bürgermeister und dem Gemeindesekretär des Ortes.)

BÜRGERMEISTER:
Also Frau Berger, unser Angebot ist klar: Sie verkaufen Ihr altes, baufälliges Haus und bekommen dafür eine brandneue Luxuswohnung in der besten Gegend unseres Ortes.

FRAU BERGER:
Das klingt sehr verlockend, Herr Bürgermeister, obwohl ich mich nur schweren Herzens von diesem Haus trennen würde.

BÜRGERMEISTER:
Rundherum stehen bereits Neubauten, diese alte Bruchbude ist ein Schandfleck für die Landschaft. In so einer Umgebung muß es sich regelrecht schämen.

SEKRETÄR:
Ganz rot ist es schon.

BÜRGERMEISTER:
Es wird höchste Zeit, daß etwas geschieht.

SEKRETÄR:
Allerhöchste Zeit.

FRAU BERGER:
Mein Ur-Ur-Urgroßvater ließ dieses gemütliche Haus eigenhändig erbauen, und nun soll ich seine letzte Bewohnerin sein. Ganz wohl fühle ich mich bei diesem Gedanken nicht.

BÜRGERMEISTER:
Man kann sich dem Fortschritt nicht verschließen.

SEKRETÄR:
Nicht verschließen.

FRAU BERGER:
Da mag schon etwas Wahres dran sein.

SEKRETÄR:
Ein Bürgermeister hat immer recht.

BÜRGERMEISTER:
Richtig.

SEKRETÄR:
Haben Sie Rinder?

FRAU BERGER:
Rinder?

BÜRGERMEISTER:
Sie müssen verstehen, der Herr Gemeindesekretär leidet an einem kleinen Sprachfehler.

SEKRETÄR:
Leider.

BÜRGERMEISTER:
Seit ihm vor zwei Jahren ein Aktenkoffer auf den Kopf gefallen ist.

FRAU BERGER:
Man merkt aber gar nichts.

BÜRGERMEISTER:
Im Prinzip nicht, aber immer wenn er ein ka sagen will, wird es ein err. Er meint natürlich Kinder.

SEKRETÄR:
Natürlich Rinder.

BÜRGERMEISTER:
Kinder, ka wie Katzen.

SEKRETÄR:
Rinder, ra wie Ratzen.

BÜRGERMEISTER:
Also, haben Sie Kinder?

FRAU BERGER:
Ich habe keine Kinder.

SEKRETÄR:
Reine Rinder.

BÜRGERMEISTER:
Wunderbar, dann können Sie uns Ihr Haus ruhigen Gewissens verkaufen.

DAS ALTE HAUS MUSS WEG

BÜRGERMEISTER:
    Das alte Haus muß weg,
    Muß weg von diesem Fleck,
    Es ist nicht schön und nicht modern,
    In diesem Haus wohnt keiner gern,

SEKRETÄR:
> Wohnt reiner gern.

BÜRGERMEISTER:
> Das Holz ist morsch, das Dach kaputt,
> Bei Regen braucht man einen Hut,
> Die Wasserleitung tropft und tropft,
> Der Abfluß ist verstopft,
> Der Boden schief, die Decke krumm,
> Bald fallen alle Mauern um,
> Die Räume werden Stein für Stein
> Ein Trümmerhaufen sein.
>
> Das alte Haus muß weg,
> Es paßt nicht auf den Fleck.
> Ein Haus, das alle Leute stört,
> Ist halb so viel wie gar nichts wert,

SEKRETÄR:
> Rein gar nichts wert.

BÜRGERMEISTER:
> Klatscht man in die Hände,
> Wackeln schon die Wände,

SEKRETÄR:
> Muß man einmal niesen,
> Fürchten sich die Fliesen,

BÜRGERMEISTER:
> Und wenn man laute Töne singt,

SEKRETÄR:
> Taralala, taralala, taralalala,

BÜRGERMEISTER:
>	Kann sein, daß der Kamin zerspringt,

SEKRETÄR:
>	Vor Freude gleich zerspringt.

BÜRGERMEISTER:
>	Das alte Haus muß weg,
>	Denn zwecklos ist sein Zweck,
>	Genau genommen ist es kaum
>	Viel besser als -

SEKRETÄR:
>	Ein Abstellraum,

BÜRGERMEISTER:
>	Ein Abstellraum.

SEKRETÄR:
>	Drum reißen wir es ab,

BÜRGERMEISTER:
>	Denn Bauland ist sehr knapp,

BEIDE:
>	Da freuen sich dann insgesamt
>	Im örtlichen Gemeindeamt
>	Der Bürgermeister und auch der

BÜRGERMEISTER:
>	Gemeindesekretär.

FRAU BERGER:
So kaputt scheint mir das Haus aber nicht zu sein.

BÜRGERMEISTER:
Was heißt hier kaputt? Es ist lebensgefährlich!

SEKRETÄR:
Romplett raputt.

FRAU BERGER:
Vielleicht könnte man es mit ein paar kleinen Reparaturen wieder in Schuß bringen?

BÜRGERMEISTER:
Kleine Reparaturen, ha! Das ganze Gerümpel muß abgerissen und wiederaufgebaut werden, mit solidem, sicherem Stahlbeton. Dann paßt es endlich zu den umliegenden Gebäuden. Denn unsere Zukunft heißt Beton, das muß immer wieder betont werden.

FRAU BERGER:
Bisher hat mein Haus aber bestens in die Landschaft gepaßt und keinen gestört.

BÜRGERMEISTER:
Das glauben Sie, die Zeiten ändern sich, alles erstrahlt in einem neuen Glanz.

FRAU BERGER:
Was wollen Sie denn anstelle meines Hauses hinbauen?

BÜRGERMEISTER:
Einen Ultra-Maxi-Mega-Mammut-Supermarkt, mit den teuersten und besten Produkten, die man sich nur vorstellen kann: aufblasbare Gummibärchen, vollautomatische Wäscheklammern, beidseitig verwendbares Toilettenpapier, unzerbrechliche Eier undsoweiter, undsoweiter. Und hier, wo dieses schäbige Sofa langsam von den Motten zerfressen wird, soll die

Wurstabteilung erstehen: Schinken, Salami, Pikantwurst.

SEKRETÄR:
Rabanossi.

BÜRGERMEISTER:
Landjäger, Extrawurst, Frankfurter ohne Haut.

SEKRETÄR:
Alles auf diesem Sofa?

BÜRGERMEISTER:
Statt dem Sofa. Erstklassige Ware für Leute wie Sie.

SEKRETÄR:
Leute wie Sie sind die Runden von morgen.

FRAU BERGER:
Lassen Sie Ihre Scherze, ich bin weder dick noch rund, heute nicht und morgen schon gar nicht.

BÜRGERMEISTER:
Die Kunden von morgen. Der Sprachfehler, Sie verstehen.

SEKRETÄR:
Seit mir dieser Artenroffer auf den Ropf gefallen ist.

BÜRGERMEISTER:
Eine traurige Sache.

SEKRETÄR:
Und bei dieser Rommode rann man Räse raufen.

FRAU BERGER:
Resi raufen?

BÜRGERMEISTER:
Bei der Kommode kann man Käse kaufen. Herr Gemeindesekretär, wie oft muß ich Ihnen noch sagen, daß es für uns alle wesentlich einfacher wäre, Sie würden Wörter mit dem Buchstaben ka meiden.

SEKRETÄR:
Aber wenn ich Räse meine, muß ich doch Räse sagen.

BÜRGERMEISTER:
Dann verwenden Sie statt Käse eben ein anderes Wort: Emmentaler, Edamer,...

SEKRETÄR:
Ramenbert.

BÜRGERMEISTER:
Nein!

FRAU BERGER:
Ich hab mich so an das alte Haus mit all den schönen Erinnerungen gewöhnt, an seine Bescheidenheit, seine freundlichen Geräusche. Manchmal scheint es zu mir zu sprechen.

SEKRETÄR:
Romplett bescheuert, die Alte.

BÜRGERMEISTER:
Seien Sie doch froh, endlich aus dieser schattigen Wohnung ausziehen zu können. Sie bekommen ein Appartement in der sonnigsten Lage unseres Ortes. Dann wird aus Frau Berger eine Frau Sonnberger.

FRAU BERGER:
Glauben Sie?

SEKRETÄR:
Ein Bürgermeister hat immer recht.

BÜRGERMEISTER:
Richtig.

FRAU BERGER:
Frau Sonnberger, wie das klingt.

SEKRETÄR:
Gell.

BÜRGERMEISTER:
Morgen früh bringen wir den Kaufvertrag vorbei, dann machen wir den Handel perfekt. Und vielleicht könnten wir bei dieser Gelegenheit gemeinsam frühstücken, so verbinden wir das Nützliche mit dem Angenehmen.

FRAU BERGER:
Einverstanden, Herr Bürgermeister.

BÜRGERMEISTER:
Bis morgen also, Frau Berger, Frau Sonnberger.

FRAU BERGER:
Auf Wiedersehen, Herr Bürgermeister, auf Wiedersehen, Herr...?

SEKRETÄR:
Rülps.

FRAU BERGER:
Bitte benehmen Sie sich!

BÜRGERMEISTER:
Er heißt Külps. Kasimir Külps.

SEKRETÄR:
Rasimir Rülps.

FRAU BERGER:
Auf Wiedersehen, Herr Gemeindesekretär. *(Beide ab)* Eine Frau Sonnberger werde ich werden. In eine sonnige Zukunft werde ich blicken. Also dann, schlafen Sie gut, Frau Sonnberger. *(Frau Berger ab.)*

(Lord Kielkropf und Sir Hämmerling, die beiden Hausgeister, treten auf.)

KIELKROPF:
Frau Sonnberger, die hat wohl nicht alle Tassen in ihrem Geschirrspüler.

HÄMMERLING:
Kannst du nicht einen Augenblick Ruhe geben.

KIELKROPF:
Hier geht es um den Fortbestand unsres Daseins, und Herr Hämmerling denkt an nichts andres als an seine Ruhe.

HÄMMERLING:
Erstens bin ich noch immer Sir Hämmerling, zweitens gerade nicht im Dienst, drittens kannst du mich kreuzweise, viertens Lord Kielkropf, was sagst du zu drittens?

KIELKROPF:
Fünftens, lieber Sir Hämmerling, soll dieses Haus abgerissen werden, was machst du sechstens dann?

HÄMMERLING:
Das ist ja siebtens, achtens, neuntens, zehntens und überhaupt eine Katastrophe! Woher weißt du das?

KIELKROPF:
Eben wurde davon gesprochen. Hast du denn keine Ohren unter dem Gestrüpp, das man Haare nennt?

HÄMMERLING:
Wenn ich nicht im Dienst bin, sind meine Ohren wie ein Schwimmbad bei Regen.

KIELKROPF:
Wie ist ein Schwimmbad bei Regen?

HÄMMERLING:
Geschlossen!

KIELKROPF:
Herr Hämmerling kommt sich wieder besonders klug vor.

HÄMMERLING:
Sir Hämmerling, aus einem alten schottischen Hausgeistergeschlecht, fünfhundert Jahre lang adelig und untadelig.

KIELKROPF:
Was sind denn schon fünfhundert Jahre, meine Familie besteht seit über zwei Jahrtausenden.

HÄMMERLING:
Eine verweichlichte Naturgeistersippe, die nur noch in Häusern wohnen kann.

KIELKROPF:
Wir Kielkröpfe lieben eben die Abwechslung.

HÄMMERLING:
Wahrscheinlich ist ein Kielkropf dafür verantwortlich, daß die Menschen glauben, Geister gibt es nicht.

KIELKROPF:
Nur weil sie uns nicht sehen können. Den Wind kann man auch nicht sehen, trotzdem ist er vorhanden.

HÄMMERLING:
Besonders bei einem Sturm.

KIELKROPF:
Gibt es mich?

HÄMMERLING:
Natürlich, und mich?

KIELKROPF:
Dich auch.

HÄMMERLING:
Also gibt es uns, basta!

KIELKROPF:
Wenn das die Menschen endlich einsehen würden.

HÄMMERLING:
Es muß doch eigentlich sonnenklar sein, daß alte Hausgeister nur in alten Häusern leben können.

KIELKROPF:
In diesen modernen Betonschachteln halten wir es keine Sekunde lang aus, da bleibt uns augenblicklich die Luft weg.

HÄMMERLING:
Du hättest wenigstens die Möglichkeit, in die Natur zurückzukehren, aber ich - ein Hausgeist ohne Haus?

KIELKROPF:
Ich würde dich niemals verlassen. (*Sie schluchzen.*)

HÄMMERLING:
Es muß etwas geschehen!

KIELKROPF:
Wir verändern das Wohnzimmer. Wenn der Bürgermeister und sein Sekretär morgen früh kommen, glauben sie, in einem anderen Haus zu sein und hauen wieder ab.

HÄMMERLING:
Eine hervorragende Idee.
(*Sie stellen den Tisch an einen anderen Platz und die Stühle auf den Tisch. Dann wollen sie das Sofa verschieben.*)

KIELKROPF:
Es geht nicht. Wir müßten auch die Frau Berger verändern.

HÄMMERLING:
Warum?

KIELKROPF:
Wenn der Bürgermeister die Frau Berger sieht, weiß er sofort, daß er sich im richtigen Haus befindet.

HÄMMERLING:
Daran hab ich nicht gedacht. (*Er denkt nach.*) Auf dem Dachboden wohnt doch Dschinn, der Flaschengeist ...

KIELKROPF:
Der alte Saufbruder ist immer nur betrunken, lallt vor sich hin und stinkt nach einer Flüssigkeit, die man Schnaps nennt.

HÄMMERLING:
Wenn wir ihn samt seiner Flasche hierher tragen, verbreitet er einen dermaßen schlechten Geruch, daß der Bürgermeister und sein Sekretär schnellstens das Weite suchen.

KIELKROPF:
Und auf den Vertragsabschluß vergessen. Man muß sich nur zu helfen wissen.

HÄMMERLING:
Wenn einem schon sonst keiner hilft.

WER SCHÜTZT EINEN GEIST?

KIELKROPF/HÄMMERLING:
>Jeder Hund auf dieser Welt
>Wendet sich, wird er gequält,
>An den Tierschutzverein.
>Verantwortlich, daß nichts passiert,
>Wenn man sich im Wald verirrt,
>Muß ein Schutzengel sein.
>Der Schutzmann schützt,
>Auch wenn's nichts nützt,
>Vor Dieben, wenn man reist,
>Aber bitte wer,
>Aber bitte wer,
>Aber bitte wer schützt einen Geist?
>Niemand!

Das Netz beschützt im Zirkuszelt
Die Hochseilakrobaten,
Sich selber, Feigling oder Held,
Beschützen die Soldaten.
Vor Sonnenbrand und Sonnenstich
Schützt eine Sonnencreme,
Die Badehose schützt an sich,
Damit man sich nicht schäme.
Bei Tag und Nacht gibt einer acht,
Daß nie ein Zug entgleist,
Aber bitte wer,
Aber bitte wer,
Aber bitte wer schützt einen Geist?
Niemand!

Wo man die Straße überquert,
Ist ein weiß gestreiftes Pferd
Auf den Boden gemalt.
Von einer Schutzversicherung
Wird beschützt, ob alt ob jung,
Jeder, der dafür zahlt.
Ein Impfstoff schützt,
Hineingespritzt,
Wenn eine Zecke beißt,
Aber bitte wer,
Aber bitte wer,
Aber bitte wer schützt einen Geist?
Niemand!

Wenn uns irgendwer bedroht,
Hilft uns keiner aus der Not,
Was wieder klipp und klar beweist:
Niemand auf der Welt schützt einen Geist.

(Vorhang)

2. BILD

(Auf dem Dachboden, allerlei Gerümpel, eine Flasche; Dschinn, der Flaschengeist, klettert aus seiner Flasche. Er ist immer leicht angesäuselt, riecht nach Schnaps und ekelt sich davor.)

DSCHINN, DER FLASCHENGEIST

DSCHINN:
    Der Yeti lebt am Dach der Welt, im Kellerloch
        die Maus,
    Der Schnupfen in der Nase, am Wuschelkopf die Laus.
    Der Maulwurf lebt im Fußballfeld, im Wasser der
        Delphin,
    Und ich muß in der Flasche leben,
    Völlig logisch, weil ich eben -
    Ein Flaschengeist bin.

    Ein Bauer lebt am Bauernhof, weil er ein Bauer ist,
    Ein Schüler in der Schule, ein Mister auf dem Mist,
    Im Bienenstock die Bienen bei der Bienenkönigin,
    Und ich muß in der Flasche leben,
    Völlig logisch, weil ich eben -
    Ein Flaschengeist bin.

    Manche sagen, ich sei eine Flasche,
    Das find ich verlogen und gemein,
    Nur weil ich drin wohne,
    Drinnen esse, mich drin wasche,
    Muß ich doch noch lange keine sein.

    Andre sagen, ich sei nur betrunken,

Das find ich verlogen und gemein,
Nur weil ich so rieche
Wie ein Säufer in Spelunken,
Muß ich doch noch lange keiner sein.

Bei Regen gibt es Pfützen, bei Feuer gibt es Rauch,
Die Feuerwehr gibt Wasser, um zu löschen,
    in den Schlauch.
Den Kindern gibt man Taschengeld, den Autos Benzin,
Und mir hat man den Schnaps gegeben,
Völlig logisch, weil ich eben -
Ein Flaschengeist bin.

Ein Wurm lebt in der Erde, ein Astronaut im All,
Ein Esel auf der Wiese, ein anderer im Stall,
Ein Fremder lebt im Ausland, ein Wiener lebt in Wien,
Und ich muß in der Flasche leben,
Völlig logisch, weil ich eben -
Ein Flaschengeist bin,

    Willkommen zu Hause bei Dschinn.

DSCHINN:
Ich habe diese Schnapsflasche satt! Dieser elende Gestank, alles riecht nach Schnaps, ich selbst am allermeisten. Und dann heißt es, man kann mich nicht riechen. Dabei trinke ich weder Bier noch Wein und schon gar nicht Schnaps. Warum kann ich nicht in einer Parfumflasche oder in einer Mineralwasserflasche leben? So wie mein Cousin Mandarin, ein echter Orangenlimonadenflaschengeist. Fortgezogen ist er, ich mußte hierbleiben, mit mir kann man nicht unter die Leute, sagte er. So eine Flasche! Ganz im Vertrauen, es könnte schlimmer sein: Motorölflaschengeist. Nichts als klebriger Schmutz, pfui Teufel! (*Er hört ein Geräusch.*) Ach, die beiden Hausmeister von unten, un-

fähige Wesen, zu nichts zu gebrauchen, nicht einmal als Geisterbahnaushilfsgeister. *(Dschinn zieht sich zurück, Lord Kielkropf und Sir Hämmerling treten auf. Sie haben wegen des Geruchs Wäscheklammern auf den Nasen und sprechen leicht näselnd.)*

HÄMMERLING:
Hey Dschinn!

DSCHINN *(erscheint)*:
Fürchtet euch, ihr kümmerlichen Würmer, erzittert vor dem großen Dschinn und winselt um Gnade!

HÄMMERLING:
Laß den Unsinn, unser Haus ist in Gefahr.

DSCHINN:
Für Häuser seid ihr Hausmeister zuständig, mein Heim ist die Flasche.

KIELKROPF:
Hausgeister, nicht Hausmeister.

DSCHINN:
Ich kann euch nennen, wie ich will, denn ich bin der Größte, ich wohne oben, ihr unten.

KIELKROPF:
Du hast wohl einen Dachschaden auf deinem Dachboden.

HÄMMERLING:
Lieber Dschinn...

DSCHINN:
Seit wann bin ich euer lieber Dschinn?

KIELKROPF:
Genau, seit wann ist er unser lieber Dschinn?

HÄMMERLING:
Immer schon, wußtest du das nicht? *(zu Kielkropf)* Wir müssen ihn doch dazu bringen, daß er nach unten übersiedelt.

DSCHINN:
Und euer lieber Dschinn ist euch so sympathisch, daß ihr die Nasen mit Wäscheklammern verschließt? Ihr Flaschenschlangen, ich meine, ihr falschen Schlangen.

KIELKROPF:
Verzeih, lieber Dschinn, die Gewohnheit. *(Sie geben die Wäscheklammern von den Nasen und machen gute Miene zum schlechten Geruch.)*

HÄMMERLING:
Wir hätten dich so gern ganz nah bei uns, willst du nicht nach unten übersiedeln?

DSCHINN:
Niemals! Ich lasse mich nicht unterdrücken, ich bin für Höheres geboren, ein Oberhaupt bleibt immer oben.

KIELKROPF:
Ist das dein letztes Wort?

DSCHINN:
Ja.

KIELKROPF:
Dann hast du es nicht anders gewollt. *(Kielkropf und Hämmerling wollen die Flasche wegtragen.)*

DSCHINN:
Was macht ihr mit meiner Flasche?

HÄMMERLING:
Du wirst ab sofort unten wohnen.

DSCHINN:
Ich bin doch kein Feldflaschengeist, den man beliebig rumtragen kann! Diebe, Räuber, Flaschenentführer! *(Hämmerling und Kielkropf wollen mit der Flasche abgehen, da erscheint Brownie.)*

BROWNIE:
Hallo Leute!

HÄMMERLING *(zu Brownie)*:
Was willst du hier?

BROWNIE:
Um die Sache auf den Punkt zu bringen: Ich bin ein Hausgeist, dessen Haus ein Raub der Flammen wurde, total abgebrannt. Und ihr wißt ja, wie's rundherum aussieht: Alles neu, alles verplant, alles betoniert. Wie soll man da als Geist eine neue Bleibe finden? Laßt mich bei euch unterschlüpfen, ihr werdet es nicht bereuen, he, he, he.

KIELKROPF:
Tut mir leid, wir sind schon voll.

DSCHINN *(betrunken)*:
Vollkommen voll.

HÄMMERLING:
Wir haben eigene Sorgen.

BROWNIE:
Das einzige alte Haus weit und breit, in dem ein Hausgeist noch einigermaßen leben kann, ist eures.

KIELKROPF:
Bei dem Gesindel, das heute frei herumläuft, muß man vorsichtig sein. Da könnte jeder kommen.

HÄMMERLING:
Hier wohnen wir, basta.

DSCHINN:
Basta, du Bastard! Wer bist du denn überhaupt?

BROWNIE

BROWNIE:
    Wenn die Bösewichter fluchen
    Oder gar das Weite suchen,
    Wenn sie kalte Füße kriegen,
    Ängstlich auf die Nase fliegen,
    He, he, he, dann wissen alle,
    Ob ein Fürst, ein Kannibale,
    Ein Verrückter, ein Normaler
    Oder ein Neandertaler:

Hier kommt Brownie, der Macher,
Brownie, der Geheimagent,
Brownie mit dem coolen Lacher,
He, he, he, den jeder kennt.

Brownie, der Schnelle,
Hier kommt Brownie, der Vertrauensmann,
Der Spezialist für alle Fälle,

Die kein andrer lösen kann.

Wenn es gilt, ein Ding zu drehen,
Abenteuer zu bestehen,
Übeltäter abzuwehren,
In Gefahr sich zu bewähren,
Einen Löwen anzubrüllen,
Einen Auftrag zu erfüllen,
Etwas auszuspionieren,
Eine Taktik zu probieren,

Dann kommt Brownie, der Macher,
Brownie, der Geheimagent,
Brownie mit dem coolen Lacher,
He, he, he, den jeder kennt.

Brownie, der Schlaue,
Unser Brownie hat den Überblick,
Ich erkenne, ich durchschaue
Jeden ausgefuchsten Trick.

Braucht ihr einen Spezialisten
Oder einen Detektiv,
Will euch jemand überlisten,
Schreibt mir einfach einen Brief.

Dann kommt Brownie, der Macher,
Brownie, der Geheimagent,
Brownie mit dem coolen Lacher,
He, he, he, den jeder kennt.

Brownie, der Macher,
Der Probleme ausradiert,
Ein Geistesblitz, ein Kracher
Das Problem ist explodiert.

DSCHINN *(stellt sich vor)*:
Dschinn, Flaschengeist.

HÄMMERLING:
Sir Hämmerling, Hausgeist.

KIELKROPF:
Lord Kielkropf, Hausgeist.

HÄMMERLING:
Vormals Naturgeist.

KIELKROPF *(zu Hämmerling)*:
Mir scheint, dieser Brownie hat ein paar gut funktionierende Glühbirnen in dem Fußball, den man Kopf nennt. Vielleicht kann er uns helfen.

HÄMMERLING:
Also Brownie, paß auf: Wir haben ein Problem. Unser Haus soll verkauft und abgerissen werden. Morgen wollen sie den Kaufvertrag unterschreiben. Wenn es dir gelingt, das zu verhindern, darfst du bei uns bleiben.

BROWNIE:
Leute, ich glaube, ihr unterschätzt mich. Brownie hat noch jeden Auftrag ausgeführt, he, he, he. Aber im Vertrauen Leute, ist hier im Haus überall so ein schlechter Geruch? *(Dschinn ist gekränkt.)*

KIELKROPF:
Der arme Dschinn kann sich selbst nicht riechen.

HÄMMERLING:
Wegen seiner Schnapsflasche.

BROWNIE:
Dschinn, hör zu, wenn dieser Auftrag erledigt ist, besorge ich dir eine Parfumflasche mit Rosenblütenduft.

DSCHINN:
Rosenblütenduft, phänomenal! Oh Brownie, laß dich umarmen!

BROWNIE *(von Dschinns Geruch irritiert)*:
Immer nüchtern bleiben, alter Junge.

DSCHINN:
Meister, ich erwarte deine Befehle.

BROWNIE:
Also Leute, hört mich an...

KIELKROPF *(zu Hämmerling)*:
Der soll nicht immer Leute zu uns sagen, ich bin ein Geist und kein Leut.

BROWNIE:
Ich hab ein todsicheres System, Leute, wir müssen uns organisieren. Dschinn und Lord Kielkropf...

KIELKROPF:
Du glaubst doch nicht im Ernst, daß ich mit einem dahergelaufenen Trunkenbold zusammenarbeite!

HÄMMERLING:
Das kannst du von einem Lord nicht verlangen.

BROWNIE:
Nur gemeinsam haben wir eine Chance.

KIELKROPF:
Hausgeister und Flaschengeister sind wie Hund und Katz.

DSCHINN:
Wie Fuchs und Henne.

KIELKROPF:
Wie sind Fuchs und Henne?

DSCHINN:
Wie du und ich.

KIELKROPF:
Ich bin doch ein Geist und kein Fuchs!

BROWNIE:
Na eben.

DSCHINN:
Also, Meister, welche Taktik verwenden wir?

BROWNIE:
Brownies Überdrübersystem. Erst überlegen, dann drüberfegen, wisch, und jedes Problem löst sich in Luft auf.

DSCHINN:
Phänomenal!

HÄMMERLING:
Mein System ist einfacher: Wir werden die Menschen so lange erschrecken, bis sie sich vor lauter Furcht in die Hose machen.

BROWNIE:
Das dürfen wir nicht, oberstes Geistergesetz. Nur die Gespenster dürfen erschrecken.

HÄMMERLING:
Daran hab ich nicht gedacht.

KIELKROPF:
Blödes Geistergesetz. Dann laßt uns herumspuken, huuhuu-huuhuuh.

HÄMMERLING:
Ein Hausgeist kann doch nicht spuken.

DSCHINN:
Ein Flaschengeist schon. *(Er spuckt um sich.)*

HÄMMERLING:
Spuuuuken und nicht spucken.

BROWNIE:
>Man darf sie nicht erschrecken,
>Man darf sie aber necken,
>Sie ärgern und vor allem
>Ihnen auf den Wecker fallen.

DSCHINN:
Phänomenal!

HÄMMERLING:
Aber wie?

BROWNIE:
Leute, ihr habt wohl noch nie etwas von Brownies Trickkiste gehört?

KIELKROPF:
Brownies Trickkiste?

BROWNIE:
Darin befinden sich die besten Tricks, um Leute zu ärgern und ihnen so lange die Nerven zu ziehen, bis sie mit glühendem Kopf davonlaufen.

DSCHINN:
Phänomenal!

KIELKROPF:
Hör endlich mit diesem blöden "phänomenal" auf!

DSCHINN:
Pyramidal!

BROWNIE:
Wo soll der Vertrag unterschrieben werden?

HÄMMERLING:
Im Wohnzimmer.

BROWNIE:
Dann auf ins Wohnzimmer, laßt uns meine Tricks vorbereiten. Ihr werdet sehen, he, he, he, Brownies Überdrübersystem bringt sogar den härtesten Gegner aus dem Häuschen.

HÄMMERLING:
Okay, Chef.

DSCHINN:
Ich will auch Chef sein.

KIELKROPF:
Ich auch.

DSCHINN:
Schließlich wohne ich oben.

BROWNIE:
Kein Problem, Leute, ihr habt wohl noch nie etwas von Brownies Organisationssystem gehört? Jeder von euch ist ein Chef, Sir Hämmerling Erstchef, Lord Kielkropf Zweitchef, Dschinn Drittchef.

HÄMMERLING:
Und du?

BROWNIE:
Ich bin Präsident.

DSCHINN:
Ich will auch Präsident sein.

HÄMMERLING (*zu Dschinn*):
Jetzt hab ich aber die Nase voll, Drittchef reicht wohl nicht? (*zu Brownie*) Wenn's wo brennt, Herr Präsident, kommt Brownie, der Geheimagent.

KIELKROPF:
Alles klar, Herr Kommissar.

DSCHINN:
Kein Problem, Herr System.

BROWNIE (REPRISE)

ALLE:
> Hier kommt Brownie, der Macher,
> Brownie und sein Geisterteam,

Alles ist mit einem Lacher,
He, he, he, nur halb so schlimm.

              (Vorhang)

3. BILD

(Im Wohnzimmer, der Frühstückstisch ist gedeckt; Brownie, Dschinn, Lord Kielkropf, Sir Hämmerling.)

DSCHINN:
Hatschi! Die dicke Luft hier unten bin ich nicht gewohnt. Hatschi!

BROWNIE *(präsentiert seine Trickkiste)*:
He, he, he, Brownies Trickkiste!

DSCHINN:
Zeig her!

BROWNIE:
Moment, die erste Phase von Brownies Überdrübersystem heißt...

KIELKROPF:
Überlegen.

BROWNIE:
Richtig, also los!

(Sie überlegen alle vier, Hämmerling legt sich auf das Sofa.)

KIELKROPF *(zu Hämmerling)*:
Überlegen, nicht niederlegen!

HÄMMERLING:
Ich bin müde. Außerdem fällt mir sowieso nichts ein.

KIELKROPF:
Herr Hämmerling denkt wieder einmal nur an seine Ruhe. Na, dann gute Nacht.

BROWNIE:
Wir müssen systematisch vorgehen. Ein Vertrag soll unterschrieben werden. Gut. Wer ist daran beteiligt?

KIELKROPF:
Die Frau Berger, der Bürgermeister und der gemeine Sekretär.

HÄMMERLING:
... de-sekretär.

KIELKROPF:
De gemeine Sekretär.

HÄMMERLING:
Gemein-de-sekretär.

KIELKROPF:
De, de, de.

BROWNIE:
Was machen sie, wenn sie hier hereinkommen?

HÄMMERLING:
Sie gehen frühstücken.

BROWNIE:
Genau, diesen Frühstückstisch setzen wir in die Mitte unserer Überlegungen.

DSCHINN:
Warum?

KIELKROPF:
Das versteh ich nicht.

BROWNIE:
Weil hier Brownies Trickkiste in Aktion treten kann. Wir brauchen einen Bohrer, ein Klebeband, eine Taschenlampe und einen Wecker.

DSCHINN:
Warum einen Wecker?

KIELKROPF:
Damit wir ihnen auf den Wecker fallen könnnen, he, he, he.

DSCHINN:
Pyramidal!

BROWNIE *(holt alle Gegenstände aus seiner Kiste)*:
Lord Kielkropf bohrt mit dem Bohrer ein Loch in diese Tasse. *(Kielkropf bohrt ein Loch in die Seite einer Tasse des Frühstücksgeschirrs.)* Dschinn stellt sich hinter diesen Stuhl. Und ich lege gut sichtbar das Klebeband hierher. *(Er legt es auf die Kommode. Hämmerling will mit dem Band spielen.)* Vorsicht! Wer dieses Band verwendet, klebt wie eine Fliege auf einem Fliegenfänger. Dann, Leute, folgt Phase zwei des Überdrübersystems, das Drüberfegen. Also, paßt auf, wenn ich mit dem Wecker läute, Leute ...

KIELKROPF:
Wie oft willst du denn läuten?

BROWNIE:
Einmal.

KIELKROPF:
Warum sagst du dann läute, läute?

HÄMMERLING:
Einmal meint er "läute", klingelingeling, und einmal meint er "Leute", also uns.

KIELKROPF:
Das läutet mir nicht ein.

HÄMMERLING:
Du bist ja auch ein Geist und kein Leut.

BROWNIE:
Wenn ich mit dem Wecker läute, zieht Dschinn mit aller Kraft an der Lehne, sodaß der Stuhl umfällt.

DSCHINN:
Sonst nichts?

BROWNIE:
Sonst nichts.

DSCHINN:
Ha, ha, hatschi!

BROWNIE:
Nun kommt der Spezialauftrag für Sir Hämmerling. Du leuchtest im richtigen Augenblick mit der Taschenlampe auf das Klebeband.

HÄMMERLING:
Warum?

BROWNIE:
Damit es gesehen und genommen wird.

DSCHINN:
Pyramidal!

KIELKROPF:
Sag nicht immer pyramidal!

DSCHINN:
Phänomenal!

BROWNIE:
Alles klar, Leute?

KIELKROPF:
Nein.

HÄMMERLING:
Darum hast du auch keinen Spezialauftrag.

BROWNIE:
Kein Problem, he, he, he, ich habe alles im Griff, ihr müßt nur auf mein Zeichen achten.

HÄMMERLING:
Wieso weißt du im voraus, was alles passieren wird?

BROWNIE:
Erfahrung, Leute, Menschenkenntnis.

HÄMMERLING: Achtung!
(Dschinn stellt sich hinter den Stuhl. Frau Berger tritt auf.)

FRAU BERGER:
Guten Morgen, liebe Sorgen, seid ihr wieder alle da? Mir träumte, ich sei nicht mehr allein in diesem Haus. Überall gab es freundliche Leute. Aber irgendwie waren sie so anders. *(Es läutet an der Tür. Frau Berger geht öffnen. Dschinn glaubt, das sei das Zeichen und wirft den Stuhl um.)*

HÄMMERLING:
Noch nicht!

DSCHINN:
Das war doch das Zeichen.

HÄMMERLING:
Das war die Türklingel, du Flasche! *(Frau Berger betritt mit dem Bürgermeister und dem Sekretär den Raum.)*

BÜRGERMEISTER:
Na, Frau Sonnberger, wie geht's uns heute?

FRAU BERGER:
Danke, bestens.

BÜRGERMEISTER:
Und der Frühstückstisch ist bereits gedeckt. Das wäre aber nicht nötig gewesen.

FRAU BERGER:
Nehmen Sie bitte Platz. *(Der Bürgermeister setzt sich vor die präparierte Tasse, der Sekretär setzt sich auf den Stuhl, hinter dem Dschinn steht.)* Kaffee, Tee?

BÜRGERMEISTER:
Tee bitte.

SEKRETÄR:
Raffee.

FRAU BERGER *(gießt dem Bürgermeister Tee ein)*:
Der Kaffee kommt gleich. *(Frau Berger ab)*

BÜRGERMEISTER *(bemerkt, daß es nach Schnaps riecht und sagt zum Sekretär)*:
Sagen Sie mal, trinken Sie heimlich Alkohol?

SEKRETÄR:
Niemals, nur Milch, Raffee und Raurau, manchmal ein Rora-Rola.

BÜRGERMEISTER:
Sie riechen aber nach Schnaps.

SEKRETÄR:
Ich mag aber nur Milch, Raffee und Raurau.

BÜRGERMEISTER:
Hören Sie endlich mit diesem "Raurau" auf!

SEKRETÄR:
Heißt das, ich darf reinen Raurau mehr mögen?

DSCHINN:
Hatschi!

BÜRGERMEISTER *(zum Sekretär)*:
Gesundheit!

(Frau Berger tritt auf.)
FRAU BERGER:
Hier ist der Kaffee. *(Sie schenkt ein.)* Bitte, greifen Sie zu!

BÜRGERMEISTER:
Also Frau Sonnberger, der Vertrag wäre fertig, wenn Sie kurz die einzelnen Punkte mit mir durchsehen wollen. *(Der Bürgermeister legt den Vertrag vor sich auf den Tisch, trinkt dabei Tee, der Tee fließt durch die angebohrte Tasse auf sein Kinn und auf den Vertrag.)*

SEKRETÄR:
Der Tee rinnt Ihnen über das Rinn auf das Papier.

BÜRGERMEISTER:
Verflixt! *(zum Sekretär)* So nehmen Sie doch den Vertrag! *(Er reicht ihm den Vertrag, in dem Moment läßt Brownie den Wecker läuten, Dschinn zieht an der Stuhllehne, der Sekretär kippt um, der Vertrag zerreißt.)*

FRAU BERGER:
Es hat geklingelt, Moment bitte. *(Sie geht zur Tür und ab.)*

BÜRGERMEISTER:
Sie Rhinozeros, jetzt haben Sie den Vertrag zerrissen!

SEKRETÄR:
Und Sie haben ihn angesudelt.

BÜRGERMEISTER:
Sie sind ja doch ein heimlicher Schnapstrinker, sonst wären Sie nicht umgefallen.

SEKRETÄR:
Ich rann mir das nicht errlären. Dieser Stuhl hat sich von selbst bewegt.

BÜRGERMEISTER:
Ein Stuhl bewegt sich nicht.

SEKRETÄR:
Doch, ein Fahrstuhl.

BÜRGERMEISTER:
Wir müssen den Vertrag zusammenkleben. Besorgen Sie mir ein Klebeband! *(Der Sekretär blickt sich um, Hämmerling leuchtet mit der Taschenlampe auf das Klebeband, der Sekretär sieht es, holt es und gibt es dem Bürgermeister.)*

BÜRGERMEISTER:
Wo haben Sie denn das her?

SEKRETÄR:
Ein geheimnisvolles Licht wies mir den Weg.

BÜRGERMEISTER:
Endlich ist Ihnen ein Licht aufgegangen. *(Sie bleiben am Band kleben, wickeln es mehrmals um sich selbst und kommen nicht mehr voneinander los. Sie umwickeln den Vertrag mit dem Klebeband und verschnüren ihn wie ein Paket, sodaß er unbrauchbar wird.)*

BÜRGERMEISTER:
Da haben wir den Salat.

SEKRETÄR:
Sie sind schuld!

BÜRGERMEISTER:
Werden Sie nicht frech, sonst kleb ich Ihnen eine, Sie zweihöckriges Kamel!

SEKRETÄR:
Zweihöriges Ramel! Das gibt es nicht! Ein Ramel hat nur einen Hörer!

BÜRGERMEISTER:
Zwei.

SEKRETÄR:
Einen.

FRAU BERGER *(kommt zurück)*:
Das muß ein Lausbubenstreich gewesen sein, an der Tür war niemand. Wie sehen Sie denn aus?

SEKRETÄR:
Wie viele Hörer hat ein Ramel?

FRAU BERGER:
Wie bitte?

BÜRGERMEISTER:
Ein Kamel.

SEKRETÄR:
Wie viele Hörer hat ein Ramel?

FRAU BERGER:
Hörer, Sie meinen Ohren? Ich glaube zwei.

BÜRGERMEISTER:
Na sehen Sie.

SEKRETÄR:
Ich meine nicht Ohren, sondern Hörer.

FRAU BERGER:
Hörner?

SEKRETÄR:
Nein, Hörer! *(Er macht ihr Höcker vor.)*

FRAU BERGER:
Ach so, ein Kamel hat nur einen Höcker, das zweihöckrige heißt Trampeltier.

BÜRGERMEISTER *(zum Sekretär)*:
Sie zweihöckriges Trampeltier!

SEKRETÄR:
So ist es richtig.

(Dschinn will niesen, die anderen Geister halten ihm die Nase zu.)

BÜRGERMEISTER:
Nun aber her mit dem Vertrag, jetzt wird unterschrieben!

SEKRETÄR:
Den Vertrag rönnen wir vergessen, romplett raputt.

BÜRGERMEISTER:
Ich versteh das nicht. Warum passiert das ausgerechnet heute?

FRAU BERGER:
Es gibt eben Tage, da geht alles schief.

SEKRETÄR:
Wer geht schief? *(Er geht schief.)*

BÜRGERMEISTER:
Schief gehen heißt nicht, daß man schief geht, sondern, daß es schief geht.

SEKRETÄR:
Was?

BÜRGERMEISTER:
Alles.

SEKRETÄR:
Wieso?

ALLES GEHT SCHIEF

FRAU BERGER:
    Hörn Sie zu, Herr Sekretär,
    Was ich Ihnen jetzt erklär:

    Heute in der Früh
    Stieg ich irgendwie
    Mit dem linken Fuß aus meinem Bett.

BÜRGERMEISTER:
    Oje!

FRAU BERGER:
    Dann ging ich ins Bad,
    Aber dabei trat
    Ich auf ein Stück Seife und fiel hin.

BÜRGERMEISTER:
    Au weh!

FRAU BERGER:
    Hatte zu dem ganzen Schreck
    Auch noch einen blauen Fleck,

　　　　Lehnte mich ans Fenster und begriff:
　　　　Ja, heute geht eben alles schief,
　　　　Schief, schief, schief,
　　　　Heute geht eben alles schief.

SEKRETÄR:
　　　　Nun verstehe ich genau,
　　　　Was Sie meinen, gute Frau.

　　　　Nachbar Stanislaus
　　　　Baut gerad ein Haus,
　　　　Weil er so allein ist, helf ich ihm.

BÜRGERMEISTER:
　　　　Ein Glück!

SEKRETÄR:
　　　　Letzten Donnerstag,
　　　　Ach, welch eine Plag,
　　　　Mauerten wir eine Zwischenwand.

BÜRGERMEISTER:
　　　　So dick!

SEKRETÄR:
　　　　Eine Semmel in der Hand
　　　　Lehnte ich mich an die Wand,
　　　　Da erschien der Stanislaus und rief:
　　　　"Geh weg von der Wand, sonst wird sie schief,
　　　　Schief, schief, schief,
　　　　Weg von der Wand, sonst wird sie schief!"

FRAU BERGER:
　　　　Aber nein, Herr Sekretär,
　　　　Hörn Sie zu, es ist nicht schwer:

Onkel Theodor
Steht im Fußballtor,
Einmal stand es unentschieden knapp
Vor Schluß.
Plötzlich, siehe da,
Ein paar Meter nah,
Kam von einem gegnerischen Fuß
Ein Schuß.
Und der Onkel Theodor
Sprang sehr hoch in seinem Tor,
Doch der Ball flog leider ziemlich tief:
Dann ging es halt wieder einmal schief,
Schief, schief, schief,
Ging es halt wieder einmal schief.

SEKRETÄR:
Nun verstehe ich genau,
Was Sie meinen, gute Frau:

Ist's im Sommer heiß,
Essen wir ein Eis,
Baden wir im Schwimmbad und im See.

BÜRGERMEISTER:
Juhe!

SEKRETÄR:
Auf dem Liegestuhl,
Bei dem swimming pool
Holen wir uns einen Sonnenbrand.

BÜRGERMEISTER:
Au weh!

SEKRETÄR:
> Raufen uns ein Gummiboot
> Aus dem Sonderangebot,
> Andre fahrn auf einem Segelschiff.
> Im Winter jedoch geht alles schief,

FRAU BERGER:
> Wieso?

SEKRETÄR:
> Im Winter jedoch geht alles schief,

BÜRGERMEISTER:
> Wieso?

SEKRETÄR:
> Im Winter jedoch geht alles schifahren.

FRAU BERGER:
Ich glaube, Sie haben überhaupt nichts verstanden.

SEKRETÄR:
Beim Schifahren fährt man doch schief den Berg hinunter.

BÜRGERMEISTER:
Tragen Sie beim Schifahren eigentlich eine Mütze?

SEKRETÄR:
Niemals.

BÜRGERMEISTER:
Dann ist mir alles klar.

SEKRETÄR:
Warum?

BÜRGERMEISTER:
Weil Ihnen das Hirn eingefroren ist.

SEKRETÄR:
Das stimmt nicht.

FRAU BERGER:
Ein Bürgermeister hat immer recht.

SEKRETÄR:
Richtig.

BÜRGERMEISTER:
Also Frau Sonnberger, wir kommen morgen wieder und bringen einen neuen Vertrag mit. Dann machen wir alles perfekt.

FRAU BERGER:
Wie Sie meinen, Herr Bürgermeister. Auf Wiedersehen, Herr Rülps.

SEKRETÄR:
Rülps, Sie rönnen ruhig Rülps zu mir sagen. Oder ist Ihnen auch ein Artenroffer auf den Ropf gefallen?

BÜRGERMEISTER:
Kommen Sie endlich, Sie Quälgeist!
(Bürgermeister und Sekretär ab)

FRAU BERGER:
Seltsam, seltsam, man bekommt den Eindruck, als würde sich dieses Haus gegen den Vertrag wehren. *(Frau Berger ab, die Geister sind allein und freuen sich.)*

GEISTER:
>Man darf sie nicht erschrecken,
>Man darf sie aber necken,
>Sie ärgern und vor allem
>Ihnen auf den Wecker fallen.

(Brownie läutet mit dem Wecker, alle lachen.)

HÄMMERLING:
Freunde, wir haben einen großen Sieg errungen.

KIELKROPF:
Freut euch nicht zu früh, die kommen morgen wieder.

DSCHINN:
Was machen wir dann, Brownie?

BROWNIE:
Schwer zu sagen, Leute, noch einmal gehen sie uns nicht auf den Leim.

KIELKROPF:
Auf welchen Leim?

HÄMMERLING:
Auf den Leim vom Klebeband.

DSCHINN:
Dann war alles umsonst.

BROWNIE:
Auch ein Überdrübersystem hat Grenzen.

HÄMMERLING:
Dann mach die Grenzen auf!

KIELKROPF:
Genau.

DSCHINN:
Phänomenal!

KIELKROPF:
Sag nicht immer...

HÄMMERLING *(kommt Dschinn zuvor)*:
Pyramidal!

DSCHINN:
Sensational!

KIELKROPF:
Wenn schon, dann sensationell, du Flasche.

DSCHINN:
Phänomenell!

KIELKROPF:
Nein, nein, nein!

BROWNIE:
Tante Voodoo wird uns helfen!

HÄMMERLING:
Wer?

BROWNIE:
Meine Tante Voodoo, ein Naturgeist aus dem Dschungel. Die kann alles.

DSCHINN:
Pyra ..., Pyra ..., Pyramiden stehen doch auch im Dschungel, oder?

KIELKROPF:
Dü Püramüdön stöhön ün Ägüptön, nöbön döm Nül.

HÄMMERLING:
Ein Naturgeist aus dem Dschungel, noch dazu eine Frau, als ob wir nicht selber Manns genug wären, uns zu verteidigen!

DSCHINN:
Anscheinend nicht.

KIELKROPF:
Dann ruf deine Tante Voodoo an, sie soll sofort kommen.

BROWNIE:
Im Dschungel gibt es kein Telefon. Wir müssen hinfahren und sie holen.

DSCHINN:
Mit dem Zug?

KIELKROPF:
Mit dem Flugzeug.

BROWNIE:
Das dauert alles viel zu lang. Spätestens morgen früh sollen wir zurück sein, um den Vertragsabschluß zu verhindern.

DSCHINN:
Ich hab's. Auf meinem Dachboden liegt ein fliegender Teppich, den mein Cousin Mandarin, der Orangenlimonadenflaschengeist, zurückgelassen hat.

KIELKROPF:
Phänomenal!

BROWNIE:
Dschinn, du bist unsre Rettung. *(Dschinn ab)*

HÄMMERLING:
Glaubt ihr denn, das funktioniert?

BROWNIE:
Fliegende Teppiche sind das schnellste Transportmittel, das es gibt.

HÄMMERLING:
Mondraketen sind schneller.

BROWNIE:
Aber wir wollen ja nicht auf den Mond.

KIELKROPF:
Sondern in ein Gebüsch, das man Dschungel nennt.

DSCHINN *(erscheint mit dem Teppich)*:
Die Passagiere in Richtung Dschungel werden gebeten, sich unverzüglich an Bord zu begeben.

HAUSGEISTERHAUS

GEISTER:
>Aus einem Hausgeisterhaus
>Schaun die Hausgeister raus,
>Doch keiner kann sie sehn,
>Weil sie so unsichtbar sind

Wie der Sturm und der Wind,
Die durch die Lüfte wehn.

In einem Hausgeisterhaus
Raschelt nie eine Maus,
Kein Holzwurm, denn zumeist
Ist jeder Laut, den man hört,
Jedes Knistern, das stört,
Nichts andres als ein Geist.

So viele Menschen ringsum
Glauben, vollkommen dumm,
Uns Geister gibt es nicht.
All diese Menschen erkennt
Man sofort an dem ent-
Geisterten Gesicht.

Für gute Baumeister ist
Es das Hausgeistgerüst,
Worauf ein Bau sich stützt.
Und jeder, der überhaupt
An uns Hausgeister glaubt,
Wird von uns beschützt.

Aus einem Hausgeisterhaus
Schaun die Hausgeister raus,
Doch keiner kann sie sehn,
Weil sie so unsichtbar sind
Wie der Sturm und der Wind,
Die durch die Lüfte wehn.

Aus einem Hausgeisterhaus
Schaun die Hausgeister raus
Und nehmen nie Reißaus,
Aus einem Hausgeisterhaus

Schaun die Hausgeister raus
Und kriegen viel Applaus.

DSCHINN:
Abflug!

(Dschinn startet den fliegenden Teppich, der Vorhang fällt, man hört die Geister davonfliegen.)

(Vorhang)

4. BILD

(Im Dschungel; der Papagei Dora ist auf der Bühne, später kommt der Papagei Arno dazu.)

DORA:
Arno, wo warst du?

ARNO:
Ich habe gearbeitet.

DORA:
Brav, lieber Arno, brav! Hast du mir Tomaten mitgebracht?

ARNO:
Leider nein.

DORA:
Birnen, Trauben?

ARNO:
Bananen.

DORA:
Bananen, ausgerechnet Bananen. *(Arno fällt eine Kokosnuß auf den Kopf.)*

ARNO:
Au! Und Kokosnüsse.

DORA:
Sonst nichts?

ARNO:
Ich habe etwas Besonderes gefunden.

DORA:
Etwas gestohlen?

ARNO:
Etwas genommen.

DORA:
Was?

ARNO:
Etwas, das uns reich macht.

DORA:
Reich werden, brav lieber Arno, so reich wie die Menschen. Denn was unterscheidet den Menschen vom Tier?

ARNO:
Das Geld.

DORA:
Richtig, lieber Arno, richtig.

ARNO:
Aber Dora, als Menschen können wir nicht mehr fliegen.

DORA:
Das macht nichts.

ARNO:
Aber Dora, dann kann ich nicht mehr in Ruhe arbeiten und nicht alles nehmen, was ich finde.

DORA:
Warum?

ARNO:
Wegen der Polizei.

DORA:
Richtig, lieber Arno, richtig.

ARNO:
Also bleiben wir doch lieber Papagei.

DORA:
Lieber doch, lieber Arno, lieber doch. Reich werden, aber Papagei bleiben.

SO EIN PAPAPAPAPAPAPAGEI

ARNO/DORA:
>Weder Zwiebel noch Tomaten,
>Keine Birnen, keine Trauben
>Kaufen Räuber und Piraten,
>Denn statt kaufen tun sie rauben.
>
>Wenn sie sich im Wald verbergen
>Oder bei den sieben Zwergen,
>Alle werden sie entdeckt,
>In Gefängnisse gesteckt.
>
>Doch einen Papapapapapagei
>Fängt nie die Popopopolizei,
>Denn Polizisten fliegen nicht,
>Auch wenn sie leicht sind an Gewicht.

Denn so ein Papapapapapapagei
Ist vogel, vogel, vogel, vogelfrei,
Sagt irgendwer: "Dich krieg ich schon!",
Dann fliegen wir davon.

Aber auch die kleinen Diebe,
Die nur stehlen hin und wieder,
Schräge Vögel wie wir beide,
Allen geht es ans Gefieder.

Wenn die Polizei bisweilen,
Mag sie sich auch sehr beeilen,
Jahrelang im dunkeln tappt:
Jeder wird einmal geschnappt.

Doch einen Papapapapapagei
Fängt nie die Popopopopolizei,
Auch dann nicht, wenn ein Polizist
Mit Segelohrn gesegnet ist.

Denn so ein Papapapapapapagei
Ist vogel, vogel, vogel, vogelfrei,
Wenn einer "Stehenbleiben!" ruft,
Dann gehn wir in die Luft.

DORA:
Zeig, was du genommen hast!

ARNO (*bringt einen Scheinwerfer*):
Hier.

DORA:
Wo hast du das her?

ARNO:
Das lag so herum.

DORA:
Was ist das?

ARNO:
Ein Scheinwerfer.

DORA:
Wie soll uns das reich machen?

ARNO:
Ein Scheinwerfer wirft Scheine: Hundertschillingscheine, Zweihundertschillingscheine, Dreihundertschillingscheine.

DORA:
Letztes Mal hast du einen Goldhamster gefunden, bis heute hat er noch kein Gold gehamstert.

ARNO:
Nur Geduld, ein Scheinwerfer hamstert nicht, ein Scheinwerfer wirft, das geht schneller.

DORA:
Warten wir also.
(Sir Hämmerling und Lord Kielkropf treten auf.)

KIELKROPF:
Finster ist es hier.

HÄMMERLING:
Au, mein Kopf, dieser Bruchpilot von einem Flaschengeist hätte ein wenig sanfter landen können. Nächstes Mal reise ich erste Klasse. Und alles nur wegen einer gewissen Frau Voodoo,

die anscheinend alles kann. Eine Schnapsidee war das!

KIELKROPF *(sieht die Papageien)*:
Ein Pa ..., ein Pa ...!

HÄMMERLING:
Ein Paar was? Ein Paar Schuhe?

KIELKROPF:
Nein, ein Pa ...!

HÄMMERLING:
Ein Paar Würstel?

KIELKROPF:
Nein, ein Pa ...!

HÄMMERLING:
Ein Paar Schi? Drück dich bitte verständlich aus!

KIELKROPF:
Ein Papa ...!

HÄMMERLING:
Ein Papa von wem?

KIELKROPF:
Ein Papa, den man Gei nennt!

HÄMMERLING *(sieht die Papageien)*:
Nur keine Papapapapanik, Papageien fliegen im Dschungel zu Tausenden rum. *(Eine Kokosnuß fällt ihm auf den Kopf.)* Au! Wie Kokosnüsse.

DORA:
Ist hier jemand?

ARNO:
Möglicherweise eine unsichtbare Geheimpolizei. Dora, schnell weg!

DORA:
Weg, Arno, weg! *(Die Papageien fliegen davon, Dschinn und Brownie treten auf.)*

BROWNIE:
So eine Bauchlandung, au, mein Rücken!

DSCHINN:
Landungen im Urwald sind immer sehr schwierig.

BROWNIE:
Nach meinen Berechnungen befinden wir uns mitten im Dschungel, Tante Voodoo müßte ganz in der Nähe sein. Wir müssen sie rufen.

ALLE:
Tante Voodoo! Tante Voodoo! *(Man hört Buschtrommeln.)*

BROWNIE:
Achtung, sie kommt!
(Tante Voodoo tritt auf, sie trägt eine Trommel.)

ICH BIN DIE TANTE VOODOO

TANTE VOODOO:
    Ich bin die Tante Voodoo aus dem

> Dschu, Dschu, Dschu, Dschu, Dschungel,
> Die alles andre in den Schatten stellt.
> In meinem Dschungel ist es immer
> Du, du, du, du, dunkel,
> Außer, wenn ein Stern vom Himmel fällt.

KIELKROPF/HÄMMERLING :
> Was man sicher nie erlebt,
> Weil er immer oben klebt.

TANTE VOODOO:
> Es gibt sehr viel Bananen hier im
> Dschu, Dschu, Dschu, Dschu, Dschungel,
> Die wachsen in den Schalen vor sich hin.
> Und wenn ich auf Lianen durch den
> Dschungel, schu, schu, schunkel,
> Glaubt jeder, daß ich die Frau Tarzan bin.

KIELKROPF/HÄMMERLING:
> Tarzan hat, ich weiß genau,
> Eine völlig andre Frau.

TANTE VOODOO:
> Im Dschungel gibt es keine Zeitung
> Und kein Radio,
> Nur Affen, Krokodile,
> Papageien sowieso.
> Im Dschungel gibt es keine Post
> Und keine Eisenbahn,
> Hier brauchen wir kein Telefon,
> Hier trommeln wir uns an.

(Sie beginnt zu trommeln.)

> Bum, bum, bum, bum, bum,

>   Das heißt: Hallo Tante Voodoo,
>   Bum, bum, bum, bum, bum, bum,
>   Das heißt: Hey, du blöde Kuh du,
>   Bum, bum, bum, das heißt: servus,
>   Bum, bum, bum, bum: Und Kuß,
>   Bum, bum, bum, bum, bum, bum, bum, au,
>   Das war eine Kokosnuß.

(Eine Kokosnuß fällt ihr auf den Kopf.)

>   Ich bin die Tante Voodoo aus dem
>   Dschu, Dschu, Dschu, Dschu, Dschungel,
>   Die alles andre in den Schatten stellt.
>   In meinem Dschungel ist es immer
>   Du, du, du, du, dunkel,
>   Außer wenn ein Stern vom Himmel fällt.

KIELKROPF/HÄMMERLING:
>   Das kommt sicher niemals vor,
>   Nur bei einem Meteor.
>   Meteore sind sehr oft
>   Kokosnüsse, unverhofft.

TANTE VOODOO:
>   Ich kann Karate und ich kann auch
>   Ju, Ju, Ju, Ju, Judo,
>   Wird einer frech, so ist es Pech für ihn.
>   Man kennt mich überall im Urwald
>   Nur als Tante Voodoo,
>   Die Ju, Ju, Judo Dschungelmeisterin.

BROWNIE:
Tante Voodoo, alte Hütte!

TANTE VOODOO:
Hallo, Brownie, altes Haus! Hat dein Überdrübersystem wieder einmal nicht funktioniert, nun mußt du deine Tante um Rat fragen, stimmt's?

HÄMMERLING:
Wieso wissen Sie das?

TANTE VOODOO:
Ich kenn doch meinen Brownie. Was hast du mir denn da für Knaben mitgebracht?

BROWNIE:
Meine Leute, Brownies Team.

TANTE VOODOO:
Interessant, einer riecht sogar nach Schnaps, hochinteressant. (*zu Dschinn*) Hätten Sie vielleicht ein Gläschen?

DSCHINN:
Pfui Teufel! Ich hasse Alkohol!

BROWNIE:
Der arme, antialkoholische Dschinn wohnt in einer Schnapsflasche.

TANTE VOODOO:
Ich kannte mal einen Höhlengeist, der hatte eine Abneigung gegen Gold und wohnte ausgerechnet in einer Goldmine.

DSCHINN:
Phänomenal!

KIELKROPF:
Sag nicht immer phänomenal!

TANTE VOODOO:
Warum darf er nicht phänomenal sagen?

KIELKROPF:
Das geht mir auf den Geist.

TANTE VOODOO *(zu Dschinn)*:
Dann sag einfach "krokodilastisch".

DSCHINN:
Krokodilastisch!

HÄMMERLING:
Frau Voodoo, wir sind nicht zum Spaß hier.

TANTE VOODOO:
Ihr seid vielleicht ein seltsames Volk. Wozu sind wir denn auf der Welt, wenn nicht zum Spaß?

HÄMMERLING:
Wir sind kein Volk, wir sind ein Geist.

TANTE VOODOO:
Was ist denn mit dir los? Hast du etwa Sorgen? Bedrückt dich ein tiefer Schmerz? Hat dir ein Papagei die Frühstücksbanane geklaut?

HÄMMERLING:
Viel schlimmer.

BROWNIE:
Das Haus, in dem wir leben, soll abgerissen werden.

TANTE VOODOO:
Es ist immer dasselbe mit euch Hausgeistern. Kaum nimmt man

euch die Häuser, seid ihr hilflos wie ein Maikäfer in Rückenlage. *(Eine Kokosnuß fällt ihm auf den Kopf.)* Au! Verflixte Kokosnüsse!

HÄMMERLING:
Unter einem anständigen Dach wäre das nicht passiert.

KIELKROPF:
Unsere Maikäferlage, die man Hilflosigkeit nennt, kommt daher, daß die Frau Berger ihr Haus verkaufen will.

HÄMMERLING:
Die Frau Berger hat ja einen Sonnenstich.

TANTE VOODOO:
Glaubt sie an Geister?

KIELKROPF:
Natürlich nicht.

TANTE VOODOO:
Das ist wieder typisch für eure unterentwickelte Gegend, im Dschungel glaubt jeder an Geister. Darum bin ich ja hierher übersiedelt.

HÄMMERLING:
Frau Berger kann uns nicht sehen.

TANTE VOODOO:
Und wenn sie euch sehen könnte?

KIELKROPF:
Würden wir sie überzeugen, das Haus nicht zu verkaufen.

TANTE VOODOO:
Dann müßt ihr sichtbar werden.

HÄMMERLING:
Das ist unmöglich.

TANTE VOODOO:
Für euch vielleicht, für mich nicht. Ich sage nur: Tante Voodoos Wunderpille.

KIELKROPF/HÄMMERLING:
Und weiter?

TANTE VOODOO:
Ein Mensch, der diese Pille nimmt, kann alle Geister sehen.

DSCHINN:
Krokodilastisch! Flaschengeister auch?

TANTE VOODOO:
Alle.

BROWNIE:
Tante, ich wußte, du kannst uns helfen, he, he, he.

TANTE VOODOO:
Nehmt diesen Sack mit Wunderpillen, gebt sie der Frau Berger zu essen und erklärt ihr euer Problem. *(Sie gibt Hämmerling einen Sack mit Wunderpillen.)*

BROWNIE:
Danke Tante, nun aber schnell weg, wir müssen vor morgen früh zurück sein. Los Leute!

OSCHINN:
Hat jemand unseren Teppich gesehen?

BROWNIE:
Vorhin war er noch da.

OSCHINN:
Ich weiß genau, ich habe ihn dorthin gelegt.

KIELKROPF:
Hier ist er aber nicht.

HÄMMERLING:
Ein Teppich kann sich doch nicht in Luft auflösen.

TANTE VOODOO:
Die Papageien!

KIELKROPF/HÄMMERLING:
Die Papageien?

TANTE VOODOO:
Die stehlen alles, was ihnen zwischen die Krallen kommt.

HÄMMERLING:
Dann war alles umsonst.

OSCHINN:
Wir müssen sie fangen.

TANTE VOODOO:
Einen Papagei erwischt nicht einmal die Polizei.

BROWNIE:
Tante Voodoo, besitzt du noch dieses Gerät, mit dem man

durch die Luft fliegen kann?

TANTE VOODOO:
Du meinst meinen Turbo-Besen?

BROWNIE:
Genau.

KIELKROPF:
Damit fangen wir die Papageien.

BROWNIE:
Mit dem Besen düsen wir nach Hause.

DSCHINN:
Krokodilastisch!

TANTE VOODOO:
Aber den Turbo-Besen habe ich schon Jahrzehnte nicht meh verwendet, sicher ist einiges kaputt und eingerostet. Woher be komme ich mitten im Dschungel einen Mechaniker?

DSCHINN:
Mein Cousin Raffael, ein Motorölflaschengeist bei der Firma Kolbenreib, zeigte mir einmal, wie man Maschinen repariert.

KIELKROPF:
Krokodilastisch!

TANTE VOODOO:
Unser Schnapsbruder scheint einige versteckte Fähigkeiten zu besitzen.

HÄMMERLING:
Vor allem hat er einige brauchbare Cousins. (*Tante Voodoo*

bringt den Turbo-Besen, Dschinn macht sich sofort an die Arbeit.)

DSCHINN:
Der Vergaser gehört eingestellt, das Höhenruder reguliert, die Turbu-Düsen sind verstopft.

BROWNIE *(zu Dschinn)*:
Schaffst du es?

DSCHINN:
Ich glaube schon.

KIELKROPF:
Beeil dich, Dschinn!

DSCHINN:
Nur keine Hast.

TANTE VOODOO:
So Flaschengeister sind manchmal recht praktisch.

HÄMMERLING:
Manchmal.

DSCHINN:
Fertig. Aber fliegen kann ich damit nicht.

TANTE VOODOO:
Dann muß ich wohl oder übel Pilot spielen. Brownie und sein Team aufsitzen, wir starten in Kürze! *(Die Geister setzen sich auf den Besen.)*

HÄMMERLING:
Ich fühl mich wie ein Geisterreiter.

TANTE VOODOO:
Bitte anschnallen, wir heben ab!
(*Tante Voodoo wirft den Motor an, nach einigen Fehlversuchen und Proberunden fliegen die Geister davon. Eine Kokosnuß fällt zu Boden. Arno, der Papagei, tritt mit dem Teppich auf.*)

ARNO:
Dora, bitte melden, Dora, bitte melden! Die Luft ist rein.

DORA (*tritt auf*):
Was hast du da?

ARNO:
Einen Teppich.

DORA:
Wozu brauchst du einen Teppich?

ARNO:
Damit wickeln wir die Scheine ein, die der Scheinwerfer wirft.

DORA:
Sehr gut, Arno, sehr gut, warten wir also auf den goldenen Wurf.
(*Sie setzen sich vor den Scheinwerfer und warten.*)

(*Vorhang*)

5. BILD

(Im Wohnzimmer; Frau Berger schläft auf dem Sofa. Dschinn, Sir Hämmerling, Tante Voodoo, Brownie und Lord Kielkropf treten auf. Lord Kielkropf und Brownie tragen den Turbo-Besen.)

HÄMMERLING:
Das war eine Landung! Sauber, weich, reibungslos.

DSCHINN:
Turbo-Besen sind eben technisch viel weiter entwickelt als fliegende Teppiche.

HÄMMERLING:
Es kommt immer auf den Piloten an.

TANTE VOODOO:
Sir Hämmerling, reich mir die Wunderpillen!

HÄMMERLING:
Die hängen am Besen.

BROWNIE:
Falschmeldung, hier hängt nichts.

HÄMMERLING:
Ich habe doch den Sack mit den Pillen höchstpersönlich auf die Spitze des Turbo-Besens gehängt.

KIELKROPF:
Du entgeisterte Dummheit! Beim Landeanflug sind sie runtergerutscht und nun in alle Winde verstreut.

HÄMMERLING:
Oje!

DSCHINN:
Die Wunderpillen waren unsre letzte Rettung.

KIELKROPF:
Und wenn wir es doch mit einem kleinen Gespensterspuk versuchen?

TANTE VOODOO:
Bei meiner Geistesehre, mit Gespenstern will ich nichts zu tun haben!

HÄMMERLING:
Wegen meiner Unvorsichtigkeit müssen wir nun aus dem Haus ausziehen, ich schäme mich so.

BROWNIE:
He, he, he, in Brownies Team braucht sich keiner zu schämen.

HÄMMERLING:
Brownies Überdrübersystem!

BROWNIE:
Ich denke an Tante Voodoos Voodoo-Zauber.

TANTE VOODOO:
Schlag dir das aus dem Kopf, seit ich im Urwald lebe, zaubere ich nicht mehr.

BROWNIE:
Aber verlernt hast du es noch nicht.
(*Nun bemerken die Geister die auf dem Sofa schlafende Frau Berger.*)

DSCHINN:
Was macht denn die Frau Berger hier?

KIELKROPF:
Wahrscheinlich ist sie wieder beim Fernsehen eingeschlafen.

HÄMMERLING:
Während wir unser Haus verlieren, träumt sie von einem neuen Leben als Frau Sonnberger.

TANTE VOODOO:
In diesem Fall könnte man schon einen kleinen Voodoo-Zauber probieren. Statt Wunderpillen kriegt sie unsren Willen. Wenn sie die Geister nicht sehen kann, dann soll sie wenigstens von ihnen träumen.

KIELKROPF:
Das versteh ich nicht.

TANTE VOODOO:
Es gibt ein altes Voodoo-Zauberlied, um einen Menschen im Schlaf zu beeinflussen. Wenn er aufwacht, macht er genau das, was man ihm eingeflüstert hat.

DSCHINN:
Krokodilastisch! Meisterin, wir erwarten deine Befehle!

TANTE VOODOO:
Unser Wille kann sich aber nur übertragen, wenn wir ganz, ganz kräftig singen. Alleine schaffen wir das nicht.

BROWNIE *(wendet sich ans Publikum)*:
Die Kinder werden uns helfen.

TANTE VOODOO:
Die können uns ja nicht einmal sehen.

BROWNIE:
Könnt ihr uns sehen? (*Die Kinder im Publikum antworten, daß sie die Geister sehen können, weil sie vor der Vorstellung Tante Voodoos Wunderpille gegessen haben.*)

TANTE VOODOO:
Also dann alle gemeinsam!

> Hallo, tschau, haudujudu,
> Er sagt wau und sie sagt wuuh,
> Tschau, hallo, haudujudu,
> Ich sag hau und wie sagst du?

(*Tante Voodoo singt mehrmals den Refrain von "Haudujudu", damit ihn die Geister und die Kinder lernen können. Dann beginnt sie zu trommeln und wendet sich an die schlafende Frau Berger.*)

HAUDUJUDU

TANTE VOODOO:
> Widder, Fische, Wassermann,
> Kleiner Bär und Großer Wagen,
> Schlangenträger, Wetterhahn,
> Hör uns zu, was wir dir sagen:

GEISTER/KINDER:
> Hallo, tschau, haudujudu,
> Er sagt wau und sie sagt wuuh,
> Tschau, hallo, haudujudu,
> Ich sag hau und wie sagst du?

BROWNIE:
>   Erstens gibt es ein System:
>   Überdrüber, immer wieder,
>   Zweitens gibt es außerdem
>   Tante Voodoos Zauberlieder.

GEISTER/KINDER:
>   Hallo, tschau, haudujudu,
>   Er sagt wau und sie sagt wuuh,
>   Tschau, hallo, haudujudu,
>   Ich sag hau und wie sagst du?

TANTE VOODOO:
>   Hör auf deine innre Stimme,
>   Die ganz leise zu dir spricht:
>   Dieses Hau-, dieses Hau-,
>   Dieses Haus verkauf ich nicht.

KIELKROPF/HÄMMERLING/DSCHINN:
>   Wir gehören, wie man weiß,
>   Zu den Ärmsten von den Armen.
>   Keiner hat mit einem Geist
>   Einen Funken von Erbarmen.

GEISTER/KINDER:
>   Hallo, tschau, haudujudu,
>   Er sagt wau und sie sagt wuuh,
>   Tschau, hallo, haudujudu,
>   Ich sag hau und wie sagst du?

TANTE VOODOO:
>   Hör auf deine innre Stimme,
>   Die ganz leise zu dir spricht:
>   Dieses hau, dieses huuh,
>   Dieses hau, haudujudu,

>   Dieses huuh, dieses hau,
>   Dieses Haus verkauf ich nicht.

(Frau Berger steht schlafwandelnd auf.)

FRAU BERGER:
>   Tschau ... haudujudu?
>   Hau ... huuh?
>   Er sagt wau, sie sagt wuuh?
>   Ich sag hau und ... und?

GEISTER/KINDER:
>   Hallo, tschau, haudujudu,
>   Er sagt wau und sie sagt wuuh,
>   Tschau, hallo, haudujudu,
>   Ich sag hau und wie sagst du?

FRAU BERGER:
>   Dieses Hau-, dieses Hau-,
>   Dieses Haus verkauf ich

GEISTER:
>   Nicht!

TANTE VOODOO:
>   Hör auf deine innre Stimme,
>   Die ganz leise zu dir spricht:

FRAU BERGER:
>   Dieses hau,

GEISTER:
>   Dieses huuh,

FRAU BERGER:
> Dieses hau,

GEISTER:
> Haudujudu,

FRAU BERGER:
> Dieses huuh,

GEISTER:
> Dieses hau,

FRAU BERGER
> Dieses Haus verkauf ich nicht.

ALLE/KINDER:
> Hallo, tschau, haudujudu,
> Er sagt wau und sie sagt wuuh,
> Tschau, hallo, haudujudu,
> Ich sag hau und wie sagst du?
>
> Hör auf deine innre Stimme,
> Die ganz leise zu dir spricht:
> Dieses hau, dieses huuh,
> Dieses hau, haudujudu,
> Dieses huuh, dieses hau,
> Dieses Haus verkauf ich nicht.

(Die Geister gehen ab. Frau Berger legt sich zurück auf das Sofa und wacht auf.)

FRAU BERGER:
Guten Morgen, liebe Sorgen, seid ihr wieder alle da? Ich muß beim Fernsehen eingeschlafen sein. Mir träumte, mein Haus

wäre voll mit spielenden und glücklichen Kindern. So ein lebendiges, freundliches Haus kann man doch nicht abreißen. Was, schon acht Uhr früh! Der Bürgermeister kann jeden Moment kommen. Der wird sich wundern, denn das Haus, denn das Haus, denn das Haus verkauf ich nicht. *(Frau Berger ab, der Bürgermeister und der Gemeindesekretär schleichen sich mißtrauisch ins Wohnzimmer. Sie scheinen gegen allfällige Vorfälle gewappnet und haben einen reißfesten Vertrag. Der Bürgermeister hat wegen des zu erwartenden Geruchs seine Nase hinter einem Schal versteckt. Der Sekretär ißt Tante Voodoos Wunderpillen.)*

SEKRETÄR *(bietet dem Bürgermeister Pillen an)*:
Wollen Sie rosten?

BÜRGERMEISTER:
Nein!

SEKRETÄR:
Wie bitte?

BÜRGERMEISTER:
Nein!

SEKRETÄR:
Ich versteh Sie so schlecht.

BÜRGERMEISTER *(nimmt seinen Schal ab)*:
Nein!

SEKRETÄR:
Sie wollen also nicht rosten?

BÜRGERMEISTER:
Nein! *(Er setzt sich.)*

SEKRETÄR:
Wer rastet, der rostet.

BÜRGERMEISTER:
Lassen Sie mich mit ihren Bonbons in Ruhe!

SEKRETÄR:
So süß wie die Liebe.

BÜRGERMEISTER:
Hören Sie auf, sonst werd ich sauer!

SEKRETÄR:
Die sind mir vorhin als himmlische Gabe auf den Ropf gefallen.

BÜRGERMEISTER:
Aus heiterem Himmel kann es keine Gegenstände regnen!

SEKRETÄR:
Ich sage nur: Artenroffer.

BÜRGERMEISTER *(schnuppert)*:
Der Schnapsgeruch ist weg. Seien wir vorsichtig, damit nicht wieder alles schief geht. Denn heute kassieren wir das Haus.

SEKRETÄR:
Jawohl, Haus rasieren! *(Frau Berger tritt auf.)*

BÜRGERMEISTER:
Guten Morgen, Frau Sonnberger, Sie verzeihen, die Tür war offen, da dachten wir, man macht es sich einstweilen gemütlich.

SEKRETÄR:
Bevor wieder alles schief geht.

FRAU BERGER:
Guten Morgen, die Herren!

BÜRGERMEISTER:
Hier habe ich einen funkelnagelneuen Kaufvertrag, reißfest und abwaschbar.

SEKRETÄR:
Um das Haus zu rasieren.

FRAU BERGER:
Ich will mein Haus nicht mehr verkaufen.

BÜRGERMEISTER:
Das ist ja ganz neu.

FRAU BERGER:
Die Zeiten haben sich geändert.

DAS ALTE HAUS BLEIBT STEHN

BÜRGERMEISTER:
>   Das alte Haus muß weg,
>   Muß weg von diesem Fleck,
>   Es ist nicht schön und nicht modern,
>   In diesem Haus wohnt keiner gern,

SEKRETÄR:
>   Wohnt reiner gern.

FRAU BERGER:
>   Klatscht man in die Hände,
>   Wackeln keine Wände,

> Muß man einmal niesen,
> Freuen sich die Fliesen.

BÜRGERMEISTER:
> Doch wenn man laute Töne singt,

SEKRETÄR:
> Taralala, taralala, taralalala,

FRAU BERGER:
> Wird nie passieren, daß hier drinnen
> Irgendwas zerspringt.

BÜRGERMEISTER:
> Das alte Haus muß weg!

FRAU BERGER:
> Bleibt stehn,
> Und alle werden sehn,
> Es wird das schönste Haus im Ort,
> Das ist mein allerletztes Wort,
> Mein letztes Wort.
> Das alte Haus bleibt stehn!

BÜRGERMEISTER/ SEKRETÄR:
> Muß weg!

FRAU BERGER:
> Bleibt stehn!
> Die Herren müssen gehn,
> Denn meine innre Stimme spricht:
> Dieses Haus, dieses Haus,
> Dieses Haus verkauf ich nicht.

(Frau Berger ab)

BÜRGERMEISTER *(ruft ihr nach)*:
Innre Stimme, Sie sind wohl von allen guten Geistern verlassen! Nur damit Sie's wissen: Die Frau Sonnberger können Sie sich an den Hut stecken! *(Er geht wütend ab.)*

SEKRETÄR:
Eins ist mir unrlar: Wie soll die Frau Sonnberger am Hut von Frau Berger Platz haben? Wo doch beide ein und dieselbe Person sind. *(Er beginnt erneut, Tante Voodoos Wunderpillen zu essen. Tante Voodoo erscheint.)*

TANTE VOODOO:
Schmeckt's?

SEKRETÄR:
Vorzüglich.

TANTE VOODOO:
Wo hast du denn meine Wunderpillen her?

SEKRETÄR:
Diese Bonbons fielen vorhin aus heiterem Himmel auf meinen Ropf. Sie gehören also rechtmäßig mir.

TANTE VOODOO:
Auf welchen Ropf?

SEKRETÄR:
Auf die Birne.

TANTE VOODOO:
Wie Kokosnüsse.

SEKRETÄR:
Oder Artenroffer. Wollen Sie rosten?

TANTE VOODOO:
Rosten?

SEKRETÄR:
Ich leide leider an einem Sprachfehler. Immer wenn ich ra sagen will, wird es ein err. Mir ist nämlich ein Artenroffer auf den Ropf gefallen.

TANTE VOODOO:
Artenroffer? Wunderpillen? Dein Kopf ist ja eine regelrechte Zielscheibe!

SEKRETÄR:
Romisch, gell? Die Ärzte meinen, dabei hätte ich mir die Zunge verstaucht.

TANTE VOODOO:
Gegen zungenverstauchte Sprachfehler kenne ich ein Zaubermittel.

SEKRETÄR:
Ach so?

TANTE VOODOO:
Ein Kuß.

SEKRETÄR:
Ein Ruß? Von wem?

TANTE VOODOO:
Ein Zauberkuß von Tante Voodoo.

SEKRETÄR:
Hilfe!

TANTE VOODOO:
Stell dich nicht so an, es ist kinderleicht!

SEKRETÄR:
Rinderleicht?

TANTE VOODOO:
Schließe deine Augen und spitze deine Lippen! *(Der Sekretär schließt die Augen und spitzt umständlich die Lippen, Tante Voodoo küßt ihn.)* Und nun sprich mir nach: Eine weiße Hochzeitskutsche.

SEKRETÄR:
Eine weiße Hochzeitsrutsche.

TANTE VOODOO:
Möglicherweise war der Kuß zu schwach. *(Sie küßt ihn stärker.)* Kokosnüsse, Zauberküsse.

SEKRETÄR:
Ostersüße Räuberfüße.

TANTE VOODOO:
Was soll denn das? *(Sie küßt ihn noch stärker.)*

SEKRETÄR:
Mmh, Tante Voodoo, noch ein Kuß! *(Er bemerkt seine Heilung und macht die Augen auf.)* Kuß, Kuß, Kuß. Ich bin geheilt! Kuß, Kuß, Kuß, Kokosnüsse, Zauberküsse! Kuh, Kamel, Krokodil, Hochzeitskutsche, Aktenkoffer! *(Er schließt die Augen und spitzt die Lippen. Frau Berger tritt auf.)* Ein Kuß noch!

FRAU BERGER:
Herr Sekretär, fehlt Ihnen etwas?

SEKRETÄR:
Ein Kuß, ein klitzekleiner Kuß!

FRAU BERGER:
Ein Verrückter!

SEKRETÄR:
Sag einfach Kasimir zu mir!

FRAU BERGER:
Ein Geistesgestörter!

SEKRETÄR:
>Tante Voodoo, deine Küsse
>Sind so süß wie Kokosnüsse
>Und noch süßer als Bonbons.

FRAU BERGER:
Welche Küsse, welche Bonbons?

SEKRETÄR *(macht die Augen wieder auf, sieht Frau Berger und bietet ihr Wunderpillen an)*:
Wollen Sie kosten?

FRAU BERGER *(leicht verstört)*:
Gern. *(Sie nimmt eine Wunderpille, ißt sie und sieht Tante Voodoo.)* Wo kommen denn Sie her?

TANTE VOODOO:
Aus dem Dschu, Dschu, Dschu, Dschu, Dschungel.

FRAU BERGER:
Noch eine Verrückte!

(Kielkropf und Hämmerling treten auf.)

SEKRETÄR:
Was sind das für Leute?

KIELKROPF:
Zum allerletzten Mal: Ich bin ein Geist und kein Leut. Merken Sie sich das!

FRAU BERGER:
Verrückte, nichts als Verrückte! Mein Haus ist ein Irrenhaus! Herr Bürgermeister, ich verkaufe!

BROWNIE (*tritt auf, zu Frau Berger*):
He, he, he, nur mit der Ruhe. Denk an deine innre Stimme!

FRAU BERGER:
Wer seid ihr?

KIELKROPF:
Das ist schwer zu erklären.

HÄMMERLING:
Sehr schwer.

KIELKROPF:
Sag's du!

HÄMMERLING:
Nein du!

KIELKROPF:
Die Kinder sollen es sagen. (*Die Kinder teilen mit, daß es sich um Geister handelt.*)

FRAU BERGER:
Geister? Irrende Seelen von Verstorbenen?

BROWNIE:
Keine Gespenster, sondern Geister, freundliche, unsichtbare Wesen, die seit jeher neben den Menschen leben. Darf ich vorstellen: Meine Tante Voodoo aus dem Dschungel; Lord Kielkropf und Sir Hämmerling aus altem Hausgeisteradel.

HÄMMERLING:
Schottischer Adel.

BROWNIE:
Diese Herren haben die Ehre, dein Haus schon seit vielen Jahren zu bewohnen.

FRAU BERGER:
Dann kennt ihr vielleicht meinen Ur-Ur-Urgroßvater, der das Haus eigenhändig erbauen ließ?

HÄMMERLING:
Ein sehr feiner Herr.

KIELKROPF:
Um nichts in der Welt hätte er es verkauft.

FRAU BERGER:
Ihr seid also meine innere Stimme und habt mich daran gehindert, das Haus zu verkaufen?

KIELKROPF:
Ganz genau.

HÄMMERLING:
Weil wir in einem Neubau nicht leben könnten.

FRAU BERGER:
Doch warum zeigt ihr euch erst jetzt?

TANTE VOODOO:
Weil du uns nur durch diese Wunderpillen sehen kannst.

FRAU BERGER:
Mir gehen die Augen auf.

SEKRETÄR:
Durch diese Bonbons kann man sehen? Mir scheint, hier handelt es sich um Brillenpillen. Das versteh ich nicht. Schnell, Tante Voodoo, ein Kuß!

DSCHINN (*tritt auf*):
Oh du phänomenalpyramidalkrokodilastischer Brownie!
(*Er niest.*)

HÄMMERLING:
Was ist denn mit dem los?

KIELKROPF:
Er verströmt plötzlich einen Geruch, den man angenehm nennen könnte.

DSCHINN:
Auf meinem Dachboden steht eine Parfumflasche mit Rosenblütenduft.

BROWNIE:
He, he, he, kein Problem, die hab ich unterwegs für dich organisiert. Versprochen ist versprochen.

HÄMMERLING:
Ich habe auch ein Geschenk.

DSCHINN:
Für mich?

HÄMMERLING:
Für Tante Voodoo. *(Er zieht einen Tropenhelm hervor.)* Gegen den Kokosnußregen, wenn du in den Dschungel zurückgehst.

SEKRETÄR *(zu Tante Voodoo)*:
Wo du hingehst, will auch ich hingehen.

TANTE VOODOO:
Danke Sir Hämmerling, ich glaube aber, ich werde zwei Tropenhelme brauchen, der Herr Sekretär und ich wollen nämlich beisammen bleiben.

KIELKROPF:
Nun kommt die Tante Voodoo also unter die Haube.

HÄMMERLING:
Unter den Helm, Lord Kielkropf.

DSCHINN:
Ja, ja, die Liebe.

SEKRETÄR:
Ein Kuß, Tante Voodoo, ein Kuß!

TANTE VOODOO:
Geduld, Kasimir, Geduld!

FRAU BERGER:
Liebe Geister! Da ich keine Kinder habe, will ich euch als meine Kinder annehmen. Und dieses schöne alte Haus, das uns gemeinsam gehören soll, wird im Grundbuch des Gemeindeamtes für ewige Zeiten als Hausgeisterhaus eingetragen.

SEKRETÄR:
Jawohl, amtlich eintragen! Denn ein Haus ohne Hausgeister ist

wie ein Buch ohne Buchstaben.

HAUDUJUDU - FINALE

FRAU BERGER:
    Dieses Häuschen, liebe Leute,
    Soll ein Haus für Geister sein,
    Und so gründe ich noch heute
    Einen Geisterschutzverein.

ALLE:
    Hallo, tschau, haudujudu,
    Er sagt wau und sie sagt wuuh,
    Tschau, hallo, haudujudu,
    Ich sag hau und wie sagst du?

DSCHINN:
    Schon vergessen und vergangen
    Ist die Schnapsvergangenheit,
    Und ich wandle voll Verlangen
    In die Rosenblütenzeit.

ALLE:
    Hallo, tschau, phänomenal,
    Ach, das Leben ist phantastisch,
    Tschau, hallo, pyramidal,
    Wunderbar krokodilastisch.

BÜRGERMEISTER (*tritt heimlich auf*):
    Ha, die Sache ging daneben,
    Doch ich mach noch lang nicht schlapp,
    Denn statt diesem reiß ich eben
    Ein paar andre Häuser ab.

(Der Bürgermeister bekommt vom Sekretär eine Wunderpille, ißt sie und sieht die Geister.)

ALLE:
>Hallo, tschau, haudujudu,
>Er sagt wau und sie sagt wuuh,
>Tschau, hallo, haudujudu,
>Ich sag hau und wie sagst du?

TANTE VOODOO:
>Bei den Menschen ist die Galle
>Oft voll Bitterkeit und Haß,
>Dabei wären wir doch alle
>Auf der Welt - nur zum Spaß.

ALLE:
>Bum, bum, bum, bum, das heißt wuuh,
>Bum, bum, bum, haudujudu,
>Denn im Dschu, Dschu, Dschu, Dschu, Dschungel
>Sagt man bum und wie sagst du?

SEKRETÄR:
>Ich geb alles Glück der Erde
>Gern für deine Küsse her,
>Laß mich bei dir sein, dann werde
>Ich dein Dschungelsekretär.

ALLE:
>Hallo, tschau, haudujudu,
>Er sagt wau und sie sagt wuuh,
>Tschau, hallo, haudujudu,
>Ich sag hau und wie sagst du?

GEISTER:
>Laßt euch nie die Hoffnung rauben,

Wenn das Unglück nach euch schielt,
Ihr müßt nur an Geister glauben,
An die Geisterhäuser glauben,
An die guten Geister glauben,
Dann ist alles halb so wild.

ALLE:
    Hallo, tschau, haudujudu,
    Er sagt wau und sie sagt wuuh,
    Tschau, hallo, haudujudu,
    Ich sag hau und wie sagst du?

    Hallo, tschau, haudujudu,
    Er sagt wau und sie sagt wuuh,
    Tschau, hallo, haudujudu,
    Ich sag hau und wie sagst du?

- ENDE -

DAS HAUSGEISTERHAUS

Uraufführung am 27. November 1993
Elisabethbühne Salzburg

Frau Berger	Daniela Zähl
Der Bürgermeister	Olaf Salzer
Der Gemeindesekretär	Beat Bill
Brownie	Georg Mitterstieler
Sir Hämmerling	Jurek Milewski
Lord Kielkropf	Marcus Marotte
Dschinn	Kathrin Steinweg
Tante Voodoo	Ute Hamm
Arno, Papagei	Sebastian Reck
Dora, Papagei	Nina Schopka

Inszenierung	Robin Telfer
Musikalische Leitung	Cosi M. Göhlert
Bühnenbild	Wilhelm Lukarsch
Kostüme	Monika Seidl

Aus einem Hausgeisterhaus
Schaun die Hausgeister raus,
Doch keiner kann sie sehn,
Weil sie so unsichtbar sind
Wie der Sturm und der Wind,
Die durch die Lüfte wehn.

ISBN: 3-901243-03-8